L'ANCIENNE PAROISSE SAINT-HIPPOLYTE

I. Les Origines

Nous sommes très heureux de pouvoir retracer ici, l'histoire de la première paroisse Saint-Hippolyte. M. l'abbé J. Gaston, qui a publié un livre très documenté sur ce sujet, veut bien en résumer les principaux chapitres pour les lecteurs de L'Ami des Malmaisons, qui pourront ainsi apprécier son intéressant travail.

C'est une bien attachante et parfois une bien émouvante histoire que celle de l'ancienne paroisse Saint-Hippolyte. Histoire bien oubliée, il est vrai, malgré les six siècles d'existence que compta cette paroisse et en dépit des souvenirs artistiques qui s'y rattachent et de l'héroïsme de ses prêtres pendant la Révolution. Comme son église avait été désaffectée en 1791 et que depuis 1867 il n'en restait sur place aucun vestige, on s'explique aisément que jusqu'à ces dernières années il n'y ait eu que de rares érudits à se soucier de la paroisse disparue et en rechercher la trace dans le grimoire obscur des vieilles archives. Aujourd'hui toutefois il ne serait plus permis de l'ignorer de la sorte. L'ancien Saint-Hippolyte revit avenue de Choisy, dans la jeune paroisse héritière de son nom et d'une grande partie de son territoire. Les fidèles de la nouvelle église voudront connaître l'histoire de leurs devanciers, pour s'inspirer de leurs exemples de foi, d'union et de zèle — et c'est à leur intention spéciale que nous nous proposons de résumer dans ce journal, en quelques articles, cette vraiment curieuse et très-réconfortante histoire.

L'église Saint-Hippolyte s'élevait (comme le montre le croquis ci-contre) presque à la naissance de notre boulevard Arago. Elle occupait l'angle formé, jusqu'au percement de ce boulevard, par la rencontre de la rue Saint-Hippolyte et de la rue des Marmousets. Ces deux rues existent encore, mais le point où elles se rejoignaient a été absorbé par la chaussée du nouveau boulevard et par les immeubles qui le bordent à sa naissance du côté des numéros pairs, et il ne subsiste même de la pitoresque rue des Marmousets sur laquelle s'ouvrait la façade principale de l'église, qu'un insignifiant tronçon de quelques mètres. Aucune inscription commémorative n'a été d'ailleurs apposée en ces lieux par la *Commission du Vieux Paris* et la foule passe indifférente, sans soupçonner qu'il y eut jadis, sur cet emplacement, une maison de prière où vingt générations sont venues s'agenouiller.

A quelle époque remonte la première construction d'une église en cet endroit? Aux premières années du XIe siècle, peut-être, suivant l'opinion très plausible du savant histoirien de l'ancien diocèse de Paris, l'abbé Lebeuf. On était alors en effet sous le règne de Robert *le Pieux* (997-1031), qui faisait profession d'une particulière dévotion pour saint Hippolyte et ne manquait jamais d'aller le 13 Août, jour de sa fête, vénérer ses reliques à la basilique de Saint-Denis.

Ce n'était toutefois à l'origine qu'un modeste oratoire,

comme on a coutume d'en construire autour des sanctuaires
importants et des lieux de pèlerinage — une petite chapelle
de dévotion, bâtie à peu de distance de l'église Saint-Marcel
où l'on vénérait le tombeau de l'illustre évêque de ce
nom, troisième successeur de saint Denis. Un autre
oratoire, plus rapproché encore de l'église Saint-Marcel,
était dédié à saint Martin. Trois sanctuaires voisinaient
ainsi à la croisée actuelle de l'avenue des Gobelins et
des boulevards Arago et Saint-Marcel, et si l'on songe
que Saint-Médard était à quelques minutes de distance
seulement, on sentira mieux la différence de ces temps
et du nôtre, et on déplorera plus vivement la condition
de certains faubourgs du Paris moderne, où des quartiers
de près de 100.000 habitants n'ont parfois qu'une seule
église.

Saint-Hippolyte était encore une simple chapelle,
« capella », sans caractère paroissial, lorsque le Pape
Adrien IV adressa le 26 Juin 1158 aux chanoines qui
desservaient l'église Saint-Marcel, une bulle dans

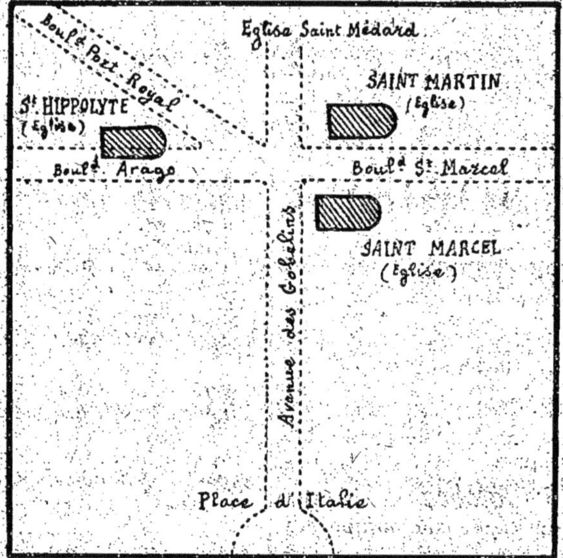

L'ancienne Eglise Saint-Hippolyte et ses abords

laquelle il confirmait tous leurs droits spirituels et sei-
gneuriaux sur le territoire où s'élevaient les oratoires
Saint-Hippolyte et Saint-Martin et sur nombre de loca-
lités limitrophes, Ivry, Villejuif, Vitry, Gentilly...

C'est seulement après le IVe Concile de Latran (1215)
et en exécution des prescriptions de ce Concile sur les
titulaires des cures, que les deux chapelles Saint-Hippolyte et Saint-Martin devinrent de véritables églises
paroissiales, administrées par des prêtres nommés à vie
tandis que précédemment les prêtres qui y remplissaient
les fonctions du saint ministère n'étaient que des délé-
gués du chapitre, révocables à son gré. Les nouveaux

Curés n'eurent d'ailleurs de fait que le titre de *Vicaires
perpétuels* et les chanoines de Saint-Marcel se réser-
vèrent divers droits honorifiques, qui donnaient lieu par la
suite à de nombreux procès. Les sociétés, comme les
individus, supportent malaisément qu'on veuille trop
longtemps les tenir en tutelle et les paroisses ont besoin
pour grandir et pour prospérer d'avoir leur pleine auto-
nomie.

Au surplus, avec les années, la population qui fréquen-
tait au début la chapelle Saint-Hippolyte, avait singuliè-
rement gagné en nombre et en importance. Le petit
village de Chamboy, dont les maisons s'essaimaient
autour de l'église Saint-Marcel, était devenu un gros
bourg, fermé par quatre portes et limité du côté de Paris
par le cours de la Bièvre et par des fossés que rappelle
encore la rue actuelle des Fossés-Saint-Marcel. Toute
cette région, dès la fin du XIII<sup> siècle, constituait un
faubourg de plaisance pour les Princes de la Cour et les
hauts dignitaires ecclésiastiques.

Devant l'orme planté près de l'église Saint-Hippolyte
(suivant l'usage de ce temps pour les églises dédiées à
de saints martyrs), on pouvait voir défiler les équipages
d'illustres paroissiens, le comte de Saint-Paul par exemple, qui avait en 1301 un hôtel, rue de Bièvre (aujourd'hu.
rue des Gobelins) ou encore l'évêque d'Amiens qui
possédait en 1334 une résidence dans la même rue.
Et sans doute aussi le voisinage du couvent des Cordelières (sur l'emplacement actuel de l'hôpital Broca) valut-
il alors de royales visites à l'église paroissiale de la petite
rue des Marmousets, car les archives du couvent nous
apprennent que Marguerite de Provence, veuve de Saint-
Louis, et sa fille, Blanche d'Espagne, avaient fait bâtir
une maison pour leur usage près du monastère.

En ce temps là, le territoire de Saint-Hippolyte, qui
s'étendait jusqu'à Gentilly et Montrouge, était en bonne
partie planté de vignes ou occupé par des terres de labour
et le menu peuple de Paris aimait les dimanches et aux
jours de fêtes à venir se délasser sur les bords ver-
doyants de la Bièvre. La mode en devait durer longtemps
encore et elle nous est attestée au XVII<sup> siècle par
Guillaume Colletet dans ses *Tracas de Paris*, publiés en
1663 où l'on voit un des personnages qui invite en ces
termes un ami à une promenade jusqu'aux Gobelins :

Tu verras en ces quartiers là
De quoy qui te divertira
D'ici c'est une promenade
Sur le fossé d l'Estrapade ;
Et tournant au bout du rempart
Nous descendrons vers Saint-Médard ;
De là jusqu'à Saint-Hypolite
Où de bien diner je t'invite.

Paroisse rurale et de villégiature, telle nous
apparait donc la paroisse Saint-Hippolyte à ses origines.
Le cours de cette histoire nous montrera comment elle
échangea peu à peu de caractère et devint surtout par la
suite une paroisse d'industriels et d'artistes.

Abbé J. GASTON.

L'ANCIENNE PAROISSE SAINT-HIPPOLYTE

II. Le saint Patron

Plusieurs saints du nom d'Hippolyte sont honorés dans l'Eglise. Un d'entre eux était évêque et a laissé de savants écrits. Un autre était prêtre et fut martyrisé à Rome. Celui auquel était dédiée la paroisse dont nous résumons ici l'histoire, ne fut ni évêque, ni prêtre; c'était un soldat, peut-être un officier. Il avait été chargé de la garde de saint Laurent que l'empereur Vespasien venait de faire emprisonner, fut converti à la foi chrétienne par les prédications du saint diacre et convertit à son tour toute sa maison.

Le *Martyrologe d'Adon* nous raconte son martyre avec une grande abondance de détails. On y lit qu'Hippolyte fut arrêté dans sa demeure, trois jours après la mort de saint Laurent et au moment même où lui et les siens se disposaient à prendre le Pain Eucharistique. Conduit devant l'empereur, Hippolyte fit preuve dans son interrogatoire d'un admirable courage. *« Serais-tu devenu magicien,* lui demanda Vespasien avec ironie, *que tu aies fait disparaître le corps de Laurent? — Ce n'est pas comme magicien,* répondit Hippolyte, *c'est comme chrétien que j'ai agi de la sorte. »* Cette fière réponse lui valut d'être frappé à coups de pierres sur la bouche, puis d'être jeté à terre et battu de verges jusqu'à épuisement des forces du bourreau.

L'empereur essaya alors d'une autre méthode. *« Allons* dit-il à Hippolyte, *sois notre ami et reprend ton service de soldat comme par le passé. — Désormais,* répondit le saint, *c'est dans l'armée du Christ que je sers et j'ai confiance que j'y mériterai la palme des élus. »* Cette fois la colère de Vespasien ne connut plus de bornes. Par ses ordres, toute la famille d'Hippolyte fut arrêtée. Les dix-neuf membres qui la composaient — et parmi eux il y avait des enfants et de frêles jeunes filles — furent décapités sous les yeux mêmes du saint. Pour Hippolyte, il fut attaché par les pieds au cou de chevaux indomptés qui furent lâchés dans la campagne et mirent en quelques instants son corps en pièces. On était au 13 août de l'année 258 et l'horrible scène se déroulait hors des murs de l'enceinte de Rome, près de la porte Tiburtine.

Détail touchant et qui mérite d'être retenu, la nourrice d'Hippolyte, une femme du nom de Concorde, avait voulu partager le sort de son maître. *« Nous aimons mieux,* avait-elle fièrement déclaré à Vespasien, *mourir avec*

honneur en sa compagnie, que de survivre honteusement.
— *Des gens de cette condition ne s'amendent qu'avec des supplices* s'écria l'empereur dépité et il ordonna de flageller cette femme avec des lanières garnies de plomb. Concorde ne tarda pas à expirer sous les coups et ajouta ainsi son nom à la glorieuse liste des servantes qui ont versé leur sang pour la cause de Jésus-Christ.

Telle est, dans sa teneur traditionnelle, la *passion* du glorieux martyr saint Hippolyte.

Tous les détails de ce récit étaient familiers aux fidèles de la vieille paroisse parisienne érigée sous le vocable de saint Hippolyte avant la Révolution.

Pour se les rappeler, ils n'avaient pas même besoin de consulter les « Offices Propres » de la paroisse, ni le curieux livret édité à leur usage sous ce titre : *Hymnes et proses de Saint-Hippolyte, par M. de Santeuil, traduites par le R. P. de la Place, jacobin du grand couvent, docteur de Sorbonne.*

Il leur suffisait de faire visite à leur [église et]de considérer la magnifique série de quatorze tableaux disposés sur les parois de la grande nef. Tous les épisodes de la conversion du saint et de son martyre y étaient minutieusement retracés en effet, ainsi qu'on en jugera par l'énumération suivante :

1° *Saint Hippolyte converti par saint Laurent dans sa prison.* (Œuvre de Jean Bethon, professeur à l'Académie de Saint-Luc).

2° *Saint Hippolite baptisé par saint Laurent* (Toile peinte par Martin, conseiller à l'Académie de Saint-Luc).

3° *Saint Hippolyte convertissant à son tour sa famille* (Ce tableau, du peintre Clermont, a figuré à l'exposition de l'Académie de Saint Luc de 1756),

4° *Arrestation de saint Hippolyte* (Peinture de Briard, membre de l'Académie Royale).

5° *Saint Hippolyte visité dans sa prison par le clergé de Rome.* (œuvre de Michel-Ange Challe, autre membre de l'Académie Royale).

6° *Saint Hippolite communiant dans sa prison.*

7° *Saint Hippolyte repoussant les avances d'un envoyé de l'empereur* (Ces deux derniers tableaux, de la main d'Alexis Loir, aussi membre de l'Académie Royale).

8° *Saint-Hippolyte refusant de sacrifier aux idoles.* (Toile de Durameau, qui mourut en 1796 conservateur du Muséum de Versailles).

9° *Martyre de plusieurs membres de la famille de saint Hippolyte,* (par Dequoy, de l'Académie de Saint-Luc).

10° *Martyre de sainte-Concorde, nourrice de saint-Hippolyte* (tableau d'Antoine Boizot. qui a figuré au Salon de 1755).

11° *Saint Hippolyte traduit devant le juge.* (L'auteur de cette toile était un élève de l'Ecole du Louvre que ses collègues appelaient Poussin, à cause de sa manière d'imiter ce maître).

12° *Saint Hippolyte conduit au temple reste inébranlable,* (Autre œuvre du peintre Martin, l'auteur du n° 2 de cette série).

13° *Martyre de saint-Hippolyte.* (Ce tableau du peintre Simon Julien, est aujourd'hui conservé à la cathédrale de Lyon).

14· *L'apothéose de saint-Hippolyte.* (Œuvre de Charles Lebrun, l'illustre peintre du règne de Louis XIV, dont nous aurons occasion de dire les nombreux rapports avec notre chère paroisse.)

On le voit, c'est toute une *Vie historiée* de leur saint patron que les paroissiens de Saint-Hippolyte avaient jadis sous les yeux, dans les tableaux qui décoraient la nef de leur église.

Si nous n'avons pas hésité à produire ici la longue liste qui précède, ce n'est pas que nous ayons voulu donner par avance aux lecteurs un aperçu des richesses artistiques de l'ancienne paroisse du quartier des Gobelins.

Notre but a été plutôt d'établir avec précision, dès le début de ces études, quel était le saint martyr, du nom d'Hippolyte, auquel était dédiée la vieille église de la rue des Marmousets-Saint-Marcel.

Il nous semble qu'aucun doute n'est possible après la lecture des titres de tableaux que nous venons d'énumérer. Il est clair, jusqu'à l'évidence, que la première paroisse Saint-Hippolyte était sous le vocable du martyr romain, qui fut le geôlier de saint Laurent.

Cette démonstration était assurément facile. Encore n'était-elle pas inopportune, au lendemain de la création, avenue de Choisy, d'une nouvelle paroisse placée sous le vocable de saint Hippolyte. En reprenant, pour le perpétuer dans le diocèse de Paris, le nom d'une église disparue, n'est-ce pas en effet, avant tout, le culte d'un saint, qu'on s'est proposé de sauvegarder et de raviver dans nos âmes?

Abbé J. GASTON.

L'ANCIENNE PAROISSE SAINT-HIPPOLYTE

III. L'église

C'était à vrai dire un assez modeste édifice assez disparate — que celui de l'église Saint-Hippolyte avant la Révolution. Un avocat, du nom de Lemoine d'Herly, qui plaidait pour le curé de cette paroisse contre le chapitre de Saint-Marcel, observe dans un *Mémoire* imprimé à Paris en 1775, que la nef principale ne devait être primitivement « qu'un bas-côté d'une église dont le bâtiment a été interrompu ». Il note que les maisons avoisinantes « ont été, selon les historiens, une des habitations de la Cour pendant plusieurs règnes, jusqu'après celui de saint Louis » et il présume que « le voisinage de la Cour, aux dixième, onzième et douzième siècles, a donné lieu à cet édifice qui aura ensuite été abandonné ».

Nous avouons ne pas pouvoir nous prononcer sur le bien-fondé de semblables assertions. Quel qu'ait été le plan primitif de l'édifice, il est du moins très certain que des remaniements et des agrandissements successifs avaient, au cours des siècles, enlevé à l'église Saint-Hippolyte toute apparence de régularité. D'une part, en effet, la voûte du chœur était plus élevée que celle de la nef et d'autre part, le bas-côté et le collatéral de gauche étaient plus étroits que les parties correspondantes de droite.

De plus il n'y avait de chapelles que d'un seul côté de la nef et derrière le chœur, et encore ces chapelles étaient-elles d'inégales dimensions et de formes très différentes.

L'édifice — dont nous reproduisons ici une vue, prise de l'angle de la rue des Marmousets et de la rue Saint-Hippolyte — n'est pas évidemment celui qui avait été construit aux temps du roi Robert le Pieux. De l'oratoire primitif il ne subsistait plus guère dans l'église qui fut désaffectée en 1791, que « quelques tombes taillées à la manière du XII⁰ et du XIII⁰ siècles ». L'abbé Lebeuf nous apprend qu'elles se trouvaient « entre le chœur et le sanctuaire »; mais il ne nous en donne pas les épitaphes, sans doute parce qu'elles étaient depuis longtemps déjà indéchiffrables.

L'oratoire des origines, devenu bien vite insuffisant, avait été agrandi dès la fin du XV⁰ siècle. En 1497 notamment, marché avait été passé entre Séverin Canaye, Pierre Vincent, Colin Picard et Jean Pelletier, marguilliers de la paroisse et deux tailleurs de pierres et entrepreneurs de maçonnerie, du nom de Noël Pichet et Gilles Grain, pour la construction d'une chapelle dédiée à Notre-Dame. Trois autres chapelles furent bâties dans les années qui suivirent et on trouve dans les comptes de l'église, de 1497 à 1519, une suite continuelle de paiements « pour fourniture de pierres de Saint-Leu, de plâtre, de sable, de sablon et de chaux, pour laquelle il y avait des fours en la maison de Jean Gobelin ».

Ces comptes dont de copieux extraits sont insérés dans le *Mémoire* de l'avocat Lemoine d'Herly, cité plus haut — témoignent du caractère tout familial de la vie paroissiale dans le Paris d'autrefois. On y voit, en effet, les fidèles de toute condition tenir à honneur d'apporter leur contribution à l'agrandissement de leur église. Les plus fortunés donnent de leur argent ou fournissent des matériaux : « *Trois honorables personnes ont donné quarante deux francs — Jean Gobelin, cinq écus d'or.— Nicolas Leloyer, demi-milier de tuiles. — La femme Jean Boisot, pour aider à payer une journée de couvreur, deux sols parisis etc* ». Ceux qui ne peuvent rien donner en argent ou en nature, offrent leur temps et leurs bras, et tous, riches et pauvres, dans cette chère paroisse Saint-Hippolyte, rivalisent de générosité et de zèle et se montrent à l'envi les dignes frères des robustes chrétiens, qui construisirent jadis sur toute la surface de notre vieille France, avec tant de désintéressement et de foi, nos magnifiques cathédrales.

Le 18 juin 1517, eut lieu la bénédiction de l'église, ainsi restaurée et agrandie. La cérémonie fut présidée par Mgr de Sainte-Catherine, suffragant de l'évêque de Paris et elle dut être fort solennelle, si l'on en juge par la dépense que firent les marguilliers « pour les coupeaux d'artillier qui ont servi à brûler sur les Autels ».

Tous ces travaux d'agrandissement n'avaient fait pour ainsi dire que préparer la réfection totale de l'église. Le chapitre de Saint-Marcel daigna l'autoriser et fit même don, par délibération du 29 juillet 1521, d'un terrain de six toises et demie de long sur deux toises de large pour l'élargissement du pourtour du chœur.

On se mit à l'œuvre dans les années qui suivirent ; mais il faut croire que la reconstruction s'effectua sans grande hâte, car en 1544 un marché conclu le 5 Mars entre Pierre La Grippe, voyer de Notre-Dame de Paris et tailleur de pierres, rue Quiquetonne d'une part et la fabrique de la paroisse Saint-Hippolyte d'autre part, nous apprend que toute la maçonnerie du comble était

L'Ancienne Église Saint-Hippolyte *(au Faubourg Saint-Marcel de Paris)*

encore à faire et que les allées et chapelles étaient « seulement encommancéz de neuf. » La paroisse avait alors pour curé un prêtre du nom d'Eustache Savary, qui mourut en 1560, léguant 300 livres tournois pour « parachever le chœur » de l'église. Et c'est seulement en 1561 que furent mis aux chapelles latérales quatre vitraux de grand prix, marqués au chiffre de cette année et que Lebrun et Mignard, directeurs des Gobelins « ne pouvaient se lasser d'admirer pour la beauté du coloris, »

Un siècle plus tard, les comptes paroissiaux nous font connaître de nouveaux et importants travaux. En 1672 notamment l'ancien clocher fut rebâti. En 1681 on supprima un vieux porche de bois qui était à la principale entrée de l'église et on refit la façade sur la rue des Marmousets. C'est aussi vers le même temps qu'on abattit la voûte du chœur et qu'on en fit une plus haute, pour laquelle le fameux ébéniste de Louis XIV, Cucci, alors marguillier en charge de la paroisse, avança 1077 livres à la fabrique.

Une dernière fois enfin, au XVIII⁰ siècle nous avons à signaler de notables remaniements éxécutés dans l'église Saint-Hippolyte. On ajouta alors sur la droite du chœur une chapelle en forme de rotonde qui a subsisté, en ruines, jusqu'en 1867 et dans les assises de laquelle fut trouvée une inscription latine dont M. de Guilhermy a publié le texte dont voici la traduction : *et*

A l'honneur de Dieu, Très-Bon, Très-Grand sous l'administration du Cardinal Louis — Antoine de Noailles: archevêque de Paris — sous le règne de Louis XV — Cette première pierre a été posée — la veille de la fête du martyr Saint-Hippolyte, notre patron — le 12⁰ jour d'Août — l'an du Seigneur mil-sept cent-vint-huit.

Telles sont, brièvement résumées, les phases diverses de la construction, de la réédification et des accroissements de l'église Saint-Hippolyte. Cette église présentait, nous le répétons, un médiocre intérêt architectural et sa disparition à cet égard ne saurait inspirer de vifs regrets. Trois chapiteaux conservés au musée Carnavalet, sont aujourd'hui tout ce qui subsiste de cet édifice si souvent remanié.

Ce sont de bien maigres vestiges : mais combien d'édifices religieux de l'ancien Paris — *et* de plus considérables certes — ont disparu sans laisser plus de traces !

Abbé J. GASTON

L'ANCIENNE PAROISSE SAINT-HIPPOLYTE

IV. Les premiers curés

Nous aimerions à posséder bien complète la liste des curés de Saint-Hippolyte depuis la création de la paroisse. Cette liste est facile à établir à partir du XV siècle, car les registres des délibérations du chapitre de Saint-Marcel, conservés aujourd'hui aux *Archives Nationales*, vont presque sans interruption de 1416 à 1791, et nos lecteurs se souviennent que ce chapitre, en autorisant l'érection des paroisses Saint-Hippolyte et Saint-Martin-du-Cloître, s'était réservé le droit d'en nommer les curés.

Pour le XIII et le XIV siècle, au contraire, les registres capitulaires font défaut et c'est merveille dans ces conditions que nous ayons pu découvrir quelques noms de membres du clergé de Saint-Hippolyte durant cette période.

Le premier en date dont nous retrouvions la trace s'appelait Robert. On le voit contresigner en décembre 1245 un legs fait à l'Hôtel-Dieu de Paris par un sieur Thioud de Retelles. Il fut inhumé dans l'église de la collégiale Saint-Marcel, et sur sa tombe on lisait ces simples mots : *Cy gist Monseigneur Robert, jadis prestre de Saint-Hippolyte. Priez que Dieu bonne mercy face à l'âme.*

Il nous faut ensuite franchir tout un siècle pour relever en 1351, dans un compte de collectes destinées à la Cour de Rome, le nom de Geoffroy Bernard, curé de Saint-Hippolyte. Il administrait la paroisse en des temps fort troublés. L'insécurité fut telle en effet en 1356 et 1357 que les religieuses du couvent des Cordelières durent chercher un abri dans les murs de Paris, car des bandes armées dévastaient toute cette région et y renouvelaient les exploits qui avaient rendu si redoutables les Brabançons du siècle précédent. Or le couvent des Cordelières était quasi contigu à l'église Saint-Hippolyte. On sait d'ailleurs qu'en 1360 le duc de Normandie n'hésita pas à incendier les faubourgs de Paris pour affamer les Anglais et le faubourg Saint-Marcel fut du nombre.

Comment s'étonner de la disparition presque complète des vieilles archives pour une période aussi agitée ? Nous devrions renoncer à connaître aucun autre nom de curé pour le XIV siècle, si les registres capitulaires de Notre-Dame ne nous apprenaient que Guillaume Jausserand administrait la paroisse Saint-Hippolyte au 14 février 1393. Mais de si brièves mentions ne font vraiment qu'éveiller notre curiosité, sans qu'il nous soit possible de trouver ensuite à la satisfaire, et n'est-ce pas une rude leçon d'humilité que nous donne ainsi l'histoire de notre vieille paroisse ? Car aussi bien les curés de ce temps eurent sans doute à Saint-Hippolyte un ministère actif, honoré, fécond en œuvres ou traversé par bien des épreuves. Ils travaillaient pour Dieu, pour l'Église, pour les âmes, et leur sagesse en cela fut grande certes. Aujourd'hui en effet presqu'aucune trace ne subsiste de leurs travaux, leur souvenir est aboli dans les lieux où se dépensa leur zèle — et le chercheur le plus obstiné doit renoncer à découvrir le détail de leur vie, voire même parfois à découvrir leur nom.

A partir de 1416 du moins — et grâce surtout aux registres capitulaires de Saint-Marcel, comme nous l'avons déjà dit — nous sommes en mesure de mieux reconstituer la liste des pasteurs qui présidèrent aux destinées de la paroisse Saint-Hippolyte, et souvent même nous pouvons les suivre dans les principales manifestations de leur activité.

Le curé en fonction dès avant le mois d'août 1416 s'appelait Denis Saudubreuil. Quand il mourut, dans les derniers jours de mars 1422, le chapitre nomma pour lui succéder un prêtre du diocèse de Sens, Nicolas Le Crespe, ancien chapelain de l'église Saint-Marcel, qui n'accepta la cure que pour la céder aussitôt — la *résigner* comme on disait alors en terme juridique — au profit d'un de ses collègues, Gobert de Rosières. Celui-ci du moins administra la paroisse pendant plus de dix ans, du 6 avril 1422 au début d'octobre 1432. C'était sans doute un homme d'humeur indépendante et fière, car moins d'un an après son entrée en charge, nous le voyons cherchant à relâcher les liens qui unissaient la paroisse au chapitre de Saint-Marcel. La tentative n'eut aucun succès et les registres capitulaires ont gardé la trace d'une humble démarche que Gobert de Rosières, avec son vicaire et six paroissiens, dut faire le 25 avril 1423 auprès des chanoines, en venant s'excuser de n'avoir pas donné au doyen du chapitre certaines marques de soumission, qui lui étaient dues à l'occasion de la visite de l'église Saint-Hippolyte.

Moins d'un an après la mort de Gobert de Rosières, les Armagnacs saccageaient le faubourg Saint-Marcel. Le *Journal d'un Bourgeois de Paris* nous apprend en effet qu'ils s'y ruèrent à minuit le 7 mai 1433, s'y rançonnèrent sans pitié les habitants, incendièrent les couvents et pillèrent enfin la contrée si complètement que la vie renchérit de suite à Paris dans d'énormes proportions.

C'est au curé Cancien Triboular — dont l'administration ne devait pas se prolonger moins d'un demi-siècle — qu'il était réservé de panser les plaies de la paroisse, après de si terribles calamités. Il y réussit si parfaitement qu'il fut même en mesure en 1480 d'acquérir, rue des Marmousets, une maison contiguë à l'église, avec double jardin, pour y loger, lui et ses successeurs. Cette maison ou *grand presbytère* était l'habitation personnelle du curé. Le vicaire et les prêtres habitués qui desservaient la paroisse vivaient en communauté dans une maison voisine, située sur la droite de l'église Saint-Hippolyte et appelée le *petit presbytère*.

Au cours de sa longue vie, l'ancien Triboular vit arriver sur sa paroisse une famille de teinturiers, dont la fortune devait prendre en peu d'années un prodigieux développement et dont le nom même est resté attaché à tout ce faubourg.

Le chef de cette famille, Jean Gobelin, était installé sur les bords de la Bièvre dès 1443, dans une maison à l'enseigne du *Cygne*, grande-rue Saint-Marcel, sur la droite de notre avenue dès Gobelins, à la hauteur de la Manufacture Nationale. Il mourut à la fin de 1475 et son nom figure dans un obituaire de la paroisse, ainsi que le nom de plusieurs de ses enfants. Si nous faisons ici mention expresse de cette famille, c'est qu'elle fut à cette époque au premier rang des bienfaiteurs de la paroisse Saint-Hippolyte, comme d'autres teinturiers, les de Julienne, s'en montrèrent les plus généreux soutiens à la fin du XVIII siècle.

Un d'entre eux surtout, un Jean Gobelin, qui mourut le 25 janvier 1584 à 43 ans, a laissé le souvenir d'une inépuisable charité. Aucun pauvre ne frappait en vain à sa porte : aux indigents il donnait du pain, mais aux vieillards et aux malades de l'argent en place de pain. Dans la peste de 1580, il interrompit les travaux de sa teinturerie, mais n'en paya pas moins le salaire accoutumé aux ouvriers condamnés à l'inaction.

Plusieurs épitaphes rappelaient jadis aux visiteurs de l'église Saint-Hippolyte le souvenir et les libéralités de divers membres de la famille Gobelin, bienfaiteurs insignes de leur paroisse. Une seule de ces épitaphes nous a été conservée. La voici dans toute sa saveur archaïque :
Ici gist Gobelin, ains (*mais*) son corps seulement,
Car son esprit heureux est ore (*maintenant*) au firmament.
Bien que la mort l'ait prins (*pris*) en la fleur de son âge,
Si a-t-il accompli ce que Dieu veut de nous,
L'aimant de tout son cœur et bienfaisant à tous.
Peut-on d'un plus long vivre attendre davantage ?

Voilà certes un sixain tourné de belle façon. On ne trouve guère d'inscriptions de ce caractère sur les tombes de nos modernes cimetières. Nos lecteurs aimeront à méditer cette épitaphe et pour notre part il ne nous déplaît pas de terminer le présent article sur une citation si charmante de forme et d'une aussi touchante inspiration.

Abbé J. GASTON

L'ANCIENNE PAROISSE SAINT-HIPPOLYTE

V. Au cours du XVIe siècle

La première église Saint-Hippolyte se trouvait au début du XVIe siècle d'autant plus insuffisante que le territoire de la paroisse comprenait encore une notable partie de ce qui est devenu le faubourg Saint-Jacques. On dut même, dès ce temps, autoriser les paroissiens les plus éloignés à fréquenter une sorte de chapelle de secours, consacrée d'abord à la Sainte-Trinité et vouée ensuite à Notre-Dame, d'où le nom de quartier Notre-Dame-des-Champs donné à cette région. Divers articles d'un compte de 1497 nous prouvent que les paroissiens de Saint-Hippolyte faisaient alors dans cette chapelle des offrandes dont le curé (il s'appelait Guillaume Bordier) et aussi la fabrique tiraient un revenu très appréciable.

Le curé Eustache Savary, qui succéda à Guillaume Bordier et gouverna la paroisse pendant plus d'un demi-siècle, consacra le meilleur de son activité à la reconstruction de l'église. Nous avons eu l'occasion de signaler ce point dans notre troisième article et nous n'y reviendrons pas ici. Mais nous noterons, avec une particulière admiration, le zèle que ce pasteur déploya pour l'organisation intérieure de sa paroisse et pour la régularité du culte. Ceux qui voudraient s'en convaincre par l'étude d'un document véritablement décisif, n'ont qu'à feuilleter au *Cabinet des Manuscrits de la Bibliothèque Nationale* (n° 11754 du Fonds Français), un curieux coutumier, dressé par Eustache Savary, et de ses deniers, « pour estre baillé et mis entre les mains des curés qui seront après luy. » Bien peu de paroisses modernes pourraient en présenter d'aussi complet et d'aussi précis.

Les dernières années d'Eustache Savary furent attristées par l'apparition du protestantisme dans le faubourg Saint-Marcel. Il ne vécut pas assez pour être témoin des scènes de carnage qui, dans la journée du 27 décembre 1561, ensanglantèrent l'église Saint-Médard et une maison voisine, appelée l'*Hôtel du Patriarche*. Mais dès 1560 les calvinistes s'étaient enhardis jusqu'à briser une image de Notre-Seigneur, qui se trouvait au-dessus de la porte d'entrée de la Maladrérie Saint-Valère, dans la rue de Lourcine (celle qui porte actuellement la dénomination de rue Broca). Une procession de réparation fut ordonnée par l'évêque de Paris, Eustache du Bellay, et le clergé de Saint-Hippolyte y assista en corps avec le clergé de Saint-Médard. L'image brisée fut d'ailleurs remplacée aussitôt, par les soins de Jean Marcau, chantre et chanoine de Notre-Dame.

Eustache Savary mourut dans les derniers jours de novembre 1560 et fut inhumé dans l'église dont il avait si heureusement entrepris et poursuivi la reconstruction. Quelques semaines auparavant — averti par l'âge et par la maladie — il avait résigné sa cure en faveur d'un de ses parents, Jean Savary, prêtre du diocèse d'Amiens et docteur en théologie de la Maison de Navarre, qui en fut titulaire jusqu'en 1568. C'est sous l'administration de ce curé que les habitants du faubourg Saint-Jacques obtinrent de l'évêque de Paris la permission de fréquenter la chapelle de l'hôpital et de la commanderie de Saint-Jacques-du-Haut-Pas et d'y recevoir les sacrements des mains d'un chapelain, désigné par les curés des paroisses Saint-Hippolyte, Saint-Médard et Saint-Benoît. La chapelle dudit hôpital fut, en effet, érigée en succursale de ces trois paroisses, par ordonnance de l'officialité de Paris du 21 février 1566. Les habitants restaient d'ailleurs obligés à fréquenter leurs paroisses respectives le Saint Jour de Pâques, ainsi que les jours de la fête patronale et de la dédicace de leurs églises, et ils devaient de plus payer annuellement à ces églises une redevance, fixée par l'ordonnance elle-même et qui était de quatre livres parisis pour celle de Saint-Hippolyte.

Comme toutes les demi-mesures, celle-là ne satisfit personne. Ce n'est pas une église succursale, c'est une paroisse autonome que réclamaient les signataires des incessantes requêtes adressées à l'évêque de Paris. Malgré ce que pouvait avoir de douloureux un semblable démembrement pour les curés des anciennes paroisses, cette solution s'imposait et elle devait prévaloir avant un demi-siècle.

Le successeur de Jean Savary, Jacques Naudot, était sans doute un homme de valeur peu commune. Le chapitre de Saint-Marcel le choisit en effet pour doyen, le 17 août 1570, et cette élection n'empêcha pas le nouveau curé de conserver l'administration de la paroisse Saint-Hippolyte, en y joignant encore la charge de principal du collège de Navarre. Mais Jacques Naudot quitta Paris six ans après sa nomination à la cure de Saint-Hippolyte, pour devenir doyen de la collégiale de Saint-Symphorien de Reims, et dans ce court laps de temps nous ne sachons pas que rien de bien saillant soit survenu dans l'histoire de notre chère paroisse.

Après lui, la cure de Saint-Hippolyte fut occupée par Nicolas Déaire, qui la résigna presqu'aussitôt (le 22 février 1574) en faveur de Denis Perreau, prêtre du diocèse de Sens.

Sous l'administration de ce dernier, les tendances séparatistes des habitants du faubourg Saint-Jacques s'accentuèrent encore. Ils obtinrent même alors le droit de faire bâtir une église à leur usage, distincte de celle de l'hôpital Saint-Jacques, et la construction de cette église était assez avancée en 1584 pour que, le 10 mai, l'évêque de Césarée, Christophe de Cheffontaines, pût en consacrer le maître-autel.

Gabriel Le Déan, qui administra la paroisse de 1584 à 1593, s'efforça comme ses prédécesseurs de maintenir les droits de supériorité qui avaient été reconnus aux curés de Saint-Hippolyte sur les chapelains de la nouvelle église Saint-Jacques et il y réussit assez bien. De plus graves soucis retinrent d'ailleurs son attention, lorsque Henri IV vint faire le siège de Paris. C'est en 1590, en effet, que les troupes du sieur de Châtillon envahirent le faubourg Saint-Marcel. Le 17 juillet elles pillèrent le couvent des Cordelières, et comment l'église Saint-Hippolyte n'aurait-elle pas eu à souffrir de leurs déprédations, puisque l'église Saint-Médard, sa voisine immédiate, fut certainement saccagée alors par ces compagnies de façon lamentable ?

Gabriel Le Déan mourut le 10 juin 1593 et fut inhumé, selon le désir qu'il en avait exprimé, dans l'église collégiale Saint-Marcel, devant une chapelle dédiée à Notre-Dame des Ardents. Une épitaphe de cette église, dont le texte nous a été conservé, nous apprend qu'il y avait jadis occupé le haut rang de doyen du chapitre. Ses obsèques furent présidées par le chanoine Simon Bigot, qui lui succéda comme curé de Saint-Hippolyte et qui mérita d'être cité en exemple par le chapitre aux curés de Saint-Martin-du-Cloître pour son humeur conciliante et pour sa parfaite docilité.

Avec Simon Bigot, se clôt la liste des curés de Saint-Hippolyte pendant le XVI° siècle. Cette période est surtout marquée pour notre paroisse par la reconstruction de l'église, par la défense contre l'hérésie naissante du protestantisme et par un accroissement considérable de la population du faubourg Saint-Jacques. Elle ne nous offre sans doute à citer ni grands noms, ni grands faits. Mais nous constatons que la vie religieuse se développe normalement à Saint-Hippolyte et n'est-ce pas là le plus bel éloge que l'on puisse faire de cette paroisse, de ses curés et de ses fidèles ?

Abbé J. GASTON

L'ANCIENNE PAROISSE SAINT-HIPPOLYTE

VI. Les Confréries

Le successeur du curé Simon Bigot fut un chanoine de Saint-Marcel, du nom de Gabriel Coulon. Sous son administration fut fondée à Saint-Hippolyte une curieuse confrérie, destinée aux ouvriers flamands et allemands, amenés dans ce quartier dès 1603 par les artistes tapissiers de Comans et de la Planche. Au début, ces ouvriers se réunissaient chaque dimanche dans l'église collégiale Saint-Marcel, où une prédication leur était faite entre huit et neuf heures du matin. Mais il fallait une organisation plus forte pour mettre en garde ces étrangers contre la fréquentation des prêches protestants, et c'est ce qui inspira à l'infante d'Espagne, Claire-Eugénie-Elisabeth, archiduchesse d'Autriche, duchesse de Brabant et comtesse de Flandre, la pensée de les grouper en confrérie, avec l'église Saint-Hippolyte pour centre et pour lieu de réunion. Le roi accorda toutes les autorisations nécessaires, et la pieuse fondatrice fit choix pour gouverner cette association d'un saint et zélé religieux, le Père Angély, des Augustins déchaussés, très-versé dans les langues du Nord de l'Europe.

Pendant cinq années (de 1626 à 1630), cette confrérie eut son siège à Saint-Hippolyte et ne contribua pas peu à l'édification de la paroisse. Elle fut transférée ensuite à Saint-Germain-des-Prés, où elle était assurée de grouper une colonie étrangère plus nombreuse encore. Mais même après ce transfert, des prédications continuèrent à être données en flamand et en allemand, soit à Saint-Hippolyte, soit dans la chapelle de la Manufacture royale des Gobelins, par un religieux picpucien, le Père Antoine de Bolduc. Cela dura jusqu'en 1693, et les conférences ne cessèrent alors que parce que la colonie étrangère du faubourg Saint-Marcel était définitivement assimilée. Une semblable institution méritait que son souvenir fut conservé, et le Père Anselme fut bien inspiré vraiment, le jour où il se mit à rédiger le curieux livret qui nous a fourni ces détails (1).

Bien d'autres confréries se réunissaient d'ailleurs dès ce temps en l'église Saint-Hippolyte. Les paroisses de l'ancien Paris étaient, on le sait, de véritables agrégats de confréries. Une église comme Saint-Sulpice n'en comptait pas moins de *cinquante*. Il y en avait *huit* à Ivry-sur-Seine, alors que le village n'avait en 1786 que 200 feux. Faut-il s'étonner alors qu'une paroisse de faubourg comme celle dont nous résumons ici l'histoire, en possédât une douzaine?

Parmi ces confréries, plusieurs étaient ouvertes à tous les fidèles sans distinction. Nous citerons pour l'église qui nous occupe, les confréries du *Saint-Sacrement*, de *saint Hippolyte*, de *l'Assomption de Notre-Dame*, de *saint Prix et saint Paul*, de *saint Roch*, de *sainte Julienne*. De semblables confréries de dévotion subsistent encore, quoique moins nombreuses que jadis, dans l'organisation actuelle de nos paroisses.

Ce qui a presque disparu de nos jours — et ce qui était extraordinairement répandu avant la Révolution — ce sont les confréries d'arts et de métiers. Celles-là ne groupaient que des fidèles appartenant à une même profession, et parfois les *maîtres* avaient une confrérie distincte de celle des *compagnons*. Les confréries de ce type étaient la face religieuse de l'association ouvrière sous l'Ancien Régime, comme la corporation en était la forme professionnelle. Tandis que la corporation était ordonnée sur-

(1) Voici le titre de la 2ᵉ édition, parue en 1695, de ce très rare opuscule : *Catalogue chronologique, contenant les noms, surnoms, qualités et actions mémorables des marguilliers anciens et modernes de la Société catholique des illustres nations flamande, allemande, suisse, italienne et autres, précédemment établie dans l'église du martyr saint Hippolyte au faubourg Saint-Marceau et depuis transférée à Saint-Germain-des-Prés...*

tout en vue de la pratique du métier, la confrérie, elle, avait un but exclusivement religieux et charitable, et tendait uniquement à procurer la sanctification des ouvriers et leur assistance mutuelle.

Six confréries de ce genre nous sont connues pour la paroisse Saint-Hippolyte. Celle de *saint Vincent* groupait les vignerons. Les tondeurs constituaient celle de *saint Michel*, et les tanneurs celle de *saint Barthélemy*. Les teinturiers avaient formé la leur sous le patronage de *saint Maurice* et les tapissiers sous l'égide de *sainte Geneviève*. Les boulangers enfin s'assemblaient sous la bannière de *saint Honoré*.

Trois curieuses estampes, distribuées le jour de leur admission aux membres des confréries du Saint-Sacrement, de saint Michel et de saint Roch, voilà le seul souvenir qui nous reste aujourd'hui de ces pieuses associations de la paroisse Saint-Hippolyte. Registres, archives et bannières ont disparu en effet dans la tourmente révolutionnaire, et il ne paraît pas qu'on doive les retrouver jamais.

Il convenait du moins de rappeler les noms de ces confréries auxquelles notre vieille paroisse dut pendant de longs siècles une bonne part de sa vitalité. Il importait surtout de signaler les immenses services rendus avant la Révolution à la classe ouvrière par la solide organisation des confréries d'arts et de métiers. Aucun catholique ne songe certes à ramener dans nos institutions la réglementation étroite et exclusive du travail, telle que l'a connue l'Ancien Régime. Mais nos syndicats modernes ne gagneraient-ils pas à s'inspirer de l'esprit des anciennes corporations — et la lutte des classes, si angoissante aujourd'hui, ne serait-elle pas en partie conjurée, si patrons et ouvriers étaient reliés entre eux comme jadis par cette fraternité chrétienne, dont les confréries d'arts et de métiers étaient alors la mise en œuvre si sage et si bienfaisante?

Abbé J. GASTON.

L'ANCIENNE PAROISSE SAINT-HIPPOLYTE

VII. Les communautés religieuses

Le curé Gabriel Coulon eut la tristesse, avant de mourir, d'assister au démembrement de sa paroisse, dont une partie fut détachée par arrêt du Parlement du 9 Avril 1633 pour former (avec d'autres territoires enlevés aux paroisses Saint-Benoît et Saint-Médard) la nouvelle paroisse Saint-Jacques-du-Haut Pas. Le sacrifice fut douloureux, car les habitants soustraits à la juridiction du curé de Saint-Hippolyte formaient, au dire de celui-ci, « la meilleure partie de ses paroissiens. » Avouons toutefois que ce démembrement était pleinement justifié par l'accroissement ininterrompu de la population du faubourg Saint-Jacques. Même après cette amputation, la paroisse Saint-Hippolyte gardait une circonscription des plus vastes, puisqu'elle s'étendait encore jusqu'aux limites de Montrouge et de Gentilly. Jusqu'au bout d'ailleurs son église sera insuffisante pour les besoins des fidèles qui lui restent et il va falloir bientôt songer à agrandir l'édifice reconstruit sous Eustache Savary.

Nous ne pouvons, dans ces notes rapides, que signaler le nom du curé Charles Coulon, qui succéda en janvier 1636 à son parent, Gabriel Coulon, et administra pendant huit années la paroisse de Saint-Hippolyte. Mais nous devons une notice au curé Jean Blondel, prêtre du diocèse d'Évreux et docteur en théologie, qui la gouverna ensuite de 1645 à 1675 et dont l'activité fut des plus bienfaisantes.

La décoration de l'église Saint-Hippolyte fut l'objet premier de ses soins et il y intéressa notamment l'illustre peintre Charles Lebrun, qui était alors directeur de la fameuse manufacture royale des Gobelins. C'est à lui qu'il demanda par exemple le dessin du maître-autel et le tableau de l'apothéose de saint Hippolyte qui le surmontait. Le même Charles Lebrun avait pareillement fourni le modèle d'une statue du saint patron de la paroisse, qu'un orfèvre du nom de Millon exécuta pour 567 livres et qui pesait 14 marcs trois onces. Marguillier d'honneur de notre chère église, Lebrun ne savait lui refuser aucune tenture pour qu'elle fut mieux ornée aux grandes solennités, et le *Mercure Galant* de septembre 1679 relate avec complaisance le succès de la fête de saint Louis de cette même année, où le premier peintre du roi, en bon courtisan, fit chanter à Saint-Hippolyte une fort belle messe en musique du compositeur Charpentier et prêta à l'église tout une suite de superbes tapisseries représentant l'histoire du roi Louis XIV.

Entre temps — et comme si son zèle ne trouvait pas suffisamment à s'employer dans sa paroisse, — Jean Blondel prêchait à la collégiale Saint-Marcel l'avent de 1650 et le carême de 1652 et intervenait activement dans les controverses soulevées par le jansénisme. Il songea même un instant à cumuler les fonctions de curé de Saint-Hippolyte avec celles de curé de Saint-Maurice — Charenton. Nous n'insisterons pas toutefois sur les multiples preuves qui nous sont connues d'une activité si dévorante. Nous avons en effet à signaler à cette époque un *fait absolument nouveau* dans l'histoire de Saint-Hippolyte et ce fait nouveau — bien digne de retenir toute notre attention — c'est l'établissement sur le territoire de cette paroisse de deux communautés religieuses de femmes.

La première de ces communautés n'y fit il est vrai qu'une rapide apparition. C'était un groupe de bénédictines françaises, précédemment établies à Chaillot et qui vinrent occuper en 1651, rue de Bièvre (notre rue des Gobelins actuelle) une maison que leur baillait à titre de rente un sieur François Lhôte, bourgeois de Paris. Cette maison « ayant grande porte cochère » et ornée de « donjons » leur servit de retraite, jusqu'en 1670 où le couvent fut supprimé et où l'Hôpital Général fut substitué aux droits des dites religieuses. Cette première fondation n'avait pas eu de solidité.

L'établissement des Bénédictines Anglaises devait au contraire durer aussi longtemps que la paroisse Saint-Hippolyte elle-même.

Cette communauté était un essaim détaché d'un couvent fondé en 1623 à Cambrai sous le vocable de Notre-Dame-de-Bonne-Espérance. Elle comptait à ses débuts, parmi ses dignitaires, une fille du lord anglais Henri Cary, vicomte de Faulkland, et une descendante directe de Thomas More, le glorieux martyr dont l'Eglise entière célèbre la mémoire.

C'est en 1664 que les Bénédictines Anglaises s'établirent au lieu dit le Champ-de-l'Alouette, près des Gobelins dans une maison achetée à un sieur Poliac pour 16.000 livres. A cette propriété elles en joignirent une autre qui lui était adjacente et qui leur fut cédée au prix de 8.000 livres par un sieur Jean Brément. Ces acquisitions, et aussi les travaux d'aménagement qui durent être effectués dans ces immeubles, constituaient évidemment une lourde charge pour le maigre budget des religieuses. Leur situation fut si précaire un moment (sous Mgr Harduin de Péréfixe) qu'on publia leur détresse au prône dans toutes les églises de Paris, et elle resta toujours très médiocre. Vers 1774, les religieuses cherchèrent à se procurer quelque supplément de ressources en fabriquant des pastilles de menthe et de l'alcool de menthe dont la qualité fut vite appréciée. Mais des dons seuls pouvaient leur permettre de couvrir les frais des constructions et le couvent, qui ne recevait point de dots et qui n'avait ni grandes ni petites pensionnaires, fut toujours parmi les plus pauvres de la capitale.

Du moins on n'aurait pas trouvé dans tout Paris de communauté mieux réglée et plus édifiante. Voici en effet dans quels termes l'abbé des Places s'exprime au sujet des Bénédictines du Champ-de-l'Alouette dans un *Mémoire* qu'il adressait en 1779 à la *Commission des Réguliers* pour obtenir un secours en leur faveur :

L'objet de l'Institut de ces Religieuses est de prier sans cesse pour la conversion de l'Angleterre. Aussi leurs prières, leurs bonnes œuvres, le sacrifice même qu'elles font de leur liberté ont pour objet d'attirer les bénédictions du ciel sur l'Angleterre et d'obtenir pour leur patrie la grâce de la conversion.

Rien n'est plus édifiant que ce monastère et on peut dire qu'il renferme autant de saintes qu'il y a de religieuses. Elles n'ont aucun commerce avec qui que ce soit : réléguées à une extrémité de Paris, elles sont ignorées du monde.

Tant de vertus — et aussi leur qualité d'étrangères — auraient dû mettre les Bénédictines Anglaises du Champ-de-l'Alouette à l'abri des fureurs révolutionnaires.

Elles furent au contraire parmi les communautés les plus éprouvées de cette triste période et quand le 1f Juillet 1794, elles durent quitter pour jamais leur monastère du faubourg Saint-Marcel, l'immeuble était déjà depuis plusieurs mois transformé en prison et occupé par des suspects.

Le monastère des Bénédictines Anglaises, sanctifié par leur séjour de près d'un siècle et demi, subsiste encore au 28 de la rue des Tanneries, et la cour intérieure de l'immeuble conserve sur trois de ses faces les arcades cintrées de l'ancien cloître des religieuses. Peu de parisiens connaissent ces lieux et savent quels souvenirs ils évoquent. On ne les visite pas cependant sans émotion et c'est un pieux pèlerinage que nous recommandons à nos jeunes lecteurs.

Abbé J. Gaston.

L'ANCIENNE PAROISSE SAINT-HIPPOLYTE

VIII. Les Ecoles

Après la mort du curé Jean Blondel, la paroisse Saint-Hippolyte fut troublée par toutes sortes de discordes intestines sous l'administration des curés François Sauvage et François Vigier (1675-1696).

Heureusement, le successeur de François Vigier — un saint et savant ecclésiastique, du nom de Michel Lebreton — réussit en peu de mois à faire cesser toutes les anciennes divisions, et dès le début du XVIII siècle la paroisse atteignit même un degré de prospérité auquel elle n'était jamais encore arrivée.

Nous ne pouvons énumérer ici tous les moyens auxquels le nouveau pasteur eut recours pour obtenir cet admirable relèvement. Mais nous devons signaler avec quelque détail les efforts de son zèle pour l'instruction et l'éducation des enfants pauvres.

Peut être, il est vrai, la création d'une école de charité pour les filles est-elle antérieure à sa nomination à la cure de Saint-Hippolyte. Par acte du 4 Novembre 1694, un chanoine de Saint-Marcel, Louis Desballeux, avait en effet constitué une donation de 2.000 livres pour fonder une école gratuite où seroient reçues les filles des paroisses Saint-Martin et Saint-Hippolyte. Michel Lebreton s'occupa du moins d'assurer à cette école un local qui lui appartint en propre et c'est dans ce but qu'il acheta, le 24 Mai 1701, une maison de la rue des Trois-Couronnes, toute voisine de l'église Saint-Hippolyte, et qui avait pour enseigne : *Au Roi Henri IV.*

Pour l'école de charité des garçons, il n'y a pas de doute que sa fondation ne soit l'œuvre de notre infatigable curé.

Le 18 avril 1697 en effet, Michel Lebreton constitue une rente de 150 livres au profit de la personne qui aura la direction de cette école, et il déclare à ce sujet « que depuis le mois de may dernier qu'il a pris possession de la dite cure [de Saint-Hippolyte], il a mis et établi des maîtres d'école pour enseigner le catéchisme et à lire et écrire aux pauvres jeunes garçons de ladite paroisse et leur donner l'éducation nécessaire pour être instruits de la foi catholique et vivre dans la crainte de Dieu, ce qui s'est jusqu'à présent exécuté fort ponctuellement, par le soin qu'a toujours eu ledit sieur Lebreton de fournir et donner ce qui était nécessaire pour la subsistance de la personne qui a eu la direction et conduite desdits enfants ».

Hâtons-nous de dire que Lebreton s'adressa à Saint-Jean-Baptiste de la Salle, sinon dès la fondation de cette école, au moins dès 1700, pour obtenir des maîtres de son choix. La paroisse Saint-Hippolyte fut ainsi la première à Paris, après celle de Saint-Sulpice, à recevoir les frères de la Doctrine chrétienne.

Il y a mieux. Le zélé pasteur, désireux d'étendre aux faubourgs voisins le bienfait de semblables écoles, s'ouvrit de son dessein à M. de la Salle et tous deux s'accordèrent promptement pour fonder un séminaire — nous dirions aujourd'hui « une école normale » — destinée à préparer des maîtres d'école pour les paroisses suburbaines et les campagnes.

Il faut lire dans la belle et savante *Histoire de saint Jean-Baptiste de la Salle* par M. J. Guibert, les détails de cette curieuse fondation. Le séminaire et l'école de charité étaient établis dans une maison de la rue de Lourcine louée à un sieur Lemoine, et une des deux classes de l'école était tenue à tour de rôle par un élève-maître : ainsi les futurs instituteurs avaient dès le séminaire l'occasion d'appliquer les règles pédagogiques qui leur étaient enseignées.

L'œuvre était pleine d'espérances, lorsque Michel Lebreton mourut prématurément le 9 mars 1703, épuisé par les fatigues d'un laborieux ministère.

Son successeur — Guillaume-Denis Ravissar — hérita heureusement de sa sollicitude pour les écoles de charité.

L'école des filles fut dotée par lui d'un nouveau local, sis pareillement rue des Trois Couronnes.

Mais c'est surtout l'école des garçons qui eut besoin de son appui dévoué. Les maîtres-écrivains firent effectuer, en effet, au mois de juillet 1704, une saisie générale dans cette école, comme dans plusieurs autres de Paris.

Le 22 février précédent ils avaient obtenu contre M. de la Salle une sentence qui lui ordonnait de ne recevoir dans ses écoles que « des enfants dont les pères sont véritablement pauvres » et de ne leur enseigner « que des choses proportionnées à la profession de leurs pères».

Or les maîtres-écrivains avaient trop d'estime du noble art d'écrire pour le ranger au nombre des choses proportionnées à la profession des pauvres gens. M. de la Salle n'avait pas cru devoir tenir compte de l'interdiction détournée qui lui était ainsi faite d'enseigner l'écriture et c'est de cela que prirent occasion les maîtres-écrivains pour requérir la saisie qui fut effectuée en juillet à l'école du faubourg Saint-Marcel. Ravissar n'hésita pas un instant à intervenir, conjointement avec le curé de Saint-Martin, pour revendiquer le droit de faire donner à son gré l'instruction aux enfants pauvres de sa paroisse et de choisir les maîtres chargés de les enseigner. L'affaire fut plaidée avec force par le défenseur des curés et des frères. Mais l'opinion des juges était faite, et l'intervention des curés fut écartée.

Une autre épreuve, plus cruelle encore, atteignit l'école naissante et ruina le séminaire des maîtres de campagne. Le frère Nicolas Vuyard qui était le directeur de ces deux œuvres connexes, avait été constitué par Lebreton héritier des sommes qu'il avait réunies pour assurer l'existence de l'une et de l'autre. Lebreton n'avait pu en effet léguer directement cet argent à M. de la Salle qui était trop connu comme supérieur des frères, et d'autre part l'Institut n'ayant pas encore de lettres patentes ne formait pas une personne morale capable de posséder légalement. Nicolas Vuyard abusa de cette disposition pour méconnaître l'autorité de M. de la Salle, et lorsque le saint fondateur vint, après la mort du curé, prendre avec lui quelques arrangements au sujet de ce legs, il le congédia en déclarant que cette fortune lui appartenait et qu'il saurait bien en user conformément aux intentions du donateur. Cette conduite indigne aliéna à Nicolas Vuyard les sympathies dévouées qui l'avaient soutenu jusqu'alors. Les libéralités des bienfaiteurs prirent fin et les élèves du séminaire s'en allèrent.

Vuyard qui avait quitté l'habit religieux et rompu entièrement avec les frères, continua encore assez longtemps, à son compte, les petites écoles sur la paroisse Saint-Hippolyte. Un jour vint où poussé par le besoin, pressé peut-être aussi par le remords, il voulut rentrer dans l'Institut. Mais les portes ne lui en furent pas rouvertes et il mourut en 1719. Son infidélité avait causé la ruine d'une admirable fondation de Saint-Jean-Baptiste de la Salle et d'une des œuvres les plus utiles de la paroisse Saint-Hippolyte.

Abbé J. Gaston.

IX. Les embellissements de l'Eglise

Après la mort du curé Guillaume-Denis Ravissar, la paroisse Saint-Hippolyte connut une ère de véritable prospérité, caractérisée surtout par les travaux d'embellissement exécutés dans l'église de la rue des Marmousets.

La décoration du saint lieu ne fut pas sans doute le seul objet de l'attention des divers curés qui se succédèrent jusqu'à la Révolution et qui s'appellent Denis Duval (1733-1737), Jean Delafosse (1737-1769) et Joseph-Guillaume Bruté (1769-1791). Jean Delafosse, par exemple, eut à soutenir d'importants procès avec les artistes de la Manufacture des Gobelins qui cherchaient à se faire exonérer de l'obligation d'accepter les fonctions de marguillier. Ils y réussirent d'ailleurs en 1761 et malgré l'usage ancien et l'exemple du peintre Lebrun, du sculpteur Tuby et des graveurs Audran et Sébastien Le Clerc, un arrêt du 14 Août de ladite année leur reconnut le droit d'accepter ou de refuser, à leur gré, ces délicates et absorbantes fonctions.

Le même curé s'employa aussi à assurer dans des conditions meilleures que par le passé le service des inhumations. On sait combien nos pères, dans leur foi profonde, prisaient la faveur de reposer après leur mort dans l'intérieur des églises. Le nombre des personnes qui furent ainsi inhumées à Saint-Hippolyte est certainement considérable. Ne restait-il plus guère de place libre en 1757 ou voulut-on donner satisfaction aux alarmistes qui dénonçaient le danger de ces inhumations pour la santé publique, nous ne savons. Du moins, le 11 décembre 1757, la fabrique de Saint-Hippolyte arrêta qu'il ne serait plus fait d'inhumation dans l'église, « mais seulement dans la cave qui existait alors sous ce qu'on appelle les charniers, partie qui forme un avant-corps à la chapelle de la Communion ». Et comme cette cave devait se trouver bientôt sans doute insuffisante, l'assemblée du 8 janvier suivant décida la construction d'une « nouvelle cave, qui s'étendant sous le jardin de la communauté des prêtres, aurait ses soupiraux par ce jardin. » Cette nouvelle cave, qui fut aussitôt entreprise par le maître maçon Vallet, avait, comme l'ancienne, 30 toises au moins de superficie. Une dizaine de corps au plus étaient déposés chaque année dans ces caveaux.

Pour les paroissiens moins fortunés, la fabrique possédait primitivement un cimetière contigu à l'église et lui appartenant en propre. Dès avant 1645 toutefois, les inhumations avaient lieu dans un cimetière commun à Saint-Martin et à Saint-Hippolyte, car il était consigné dans les registres de Saint-Martin que, le 2 février 1645, permission avait été donnée à un sieur Mithal « d'étendre ses draps dans le cimetière Saint-Martin et Saint-Hippolyte ». Ce cimetière, d'une superficie de 256 toises, était situé dans l'enclos Saint-Marcel, tenant « au midy à la rue de la Reine Blanche, et entouré au nord, au levant et au couchant, par des jardins spacieux dépendant des maisons canonialles du chapitre de Saint-Marcel ». Jusqu'en 1764, on se contentait d'ouvrir au commencement de l'hiver une fosse commune de six pieds carrés sur douze de profondeur, qui suffisait alors pour les enterrements des deux paroisses (environ 40 corps) et que l'on recomblait à la fin de la saison. Le reste de l'année, on ouvrait des fosses pour quatre ou cinq corps seulement. Or, le 22 janvier 1764, le curé et les marguilliers arrêtèrent qu'à l'avenir il serait fait une fosse à part pour chaque sépulture, même d'enfant ou de charité et que cette fosse serait recomblée à l'instant même. »

Des améliorations de ce genre ont leur importance. Ce qui fut pourtant le grand œuvre de toute cette période, ce fut la décoration artistique de l'église Saint-Hippolyte, jusque là bien modeste et presque pauvre et qui fut alors toute renouvelée intérieurement et richement ornée.

Delafosse fut aidé dans cette entreprise par les largesses de l'abbé de Lowendal, frère du maréchal de France et doyen du chapitre de Saint-Marcel.

Mais l'appui le plus précieux lui fut donné par le célèbre manufacturier Jean de Jullienne, si connu comme ami et protecteur de Watteau, et par sa femme, née Marie-Louise de Brecey (1).

Nous devons plus qu'une brève mention à ces généreux bienfaiteurs, car nul n'a plus fait qu'eux pour l'embellissement de l'église Saint-Hippolyte, où le regard ne pouvait se lever d'aucun côté sans apercevoir des preuves de leur inlassable générosité.

(1) Les portraits de M. et Mme de Jullienne, peints par de Troy, sont aujourd'hui conservés au musée de la Ville de Valenciennes, qui les a acquis à la vente après décès du général Despinoy.

Un inventaire du temps ne mentionne en effet pas moins de seize tableaux (notamment presque toute la suite de la *Vie de saint Hippolyte*), quatre autels, neuf ornements, et des vases sacrés de grand prix, donnés par les deux époux.

Faut-il être surpris, après cela, que le curé et les fabriciens de Saint-Hippolyte aient pu déclarer en 1765, dans un rapport officiel, que les embellissements de l'église Saint-Hippolyte « sans lesquels elle paraîtrait encore ce qu'elle était il y a dix ans » étaient dus surtout à la générosité de M. de Jullienne, marguillier d'honneur, « à qui ses bienfaits sans nombre ont acquis dans toute la paroisse l'affection la plus sincère et une éternelle reconnaissance ».

Nous n'énumérerons pas ici par le menu les titres des tableaux exécutés en ce temps pour l'église Saint-Hippolyte par divers artistes de réelle notoriété. Beaucoup ont été signalés dans la deuxième de nos chroniques mensuelles. Il faut ajouter seulement à cette liste deux tableaux de Lesueur, représentant l'*Education de la Vierge*, et la *Présentation de Jésus au Temple*, un tableau de Michel-Ange Challe, figurant la *Religion qui invite à ses Saints Mystères* et une *Vierge* de Bellé, inspecteur de la Manufacture Royale des Gobelins.

C'est aussi dans la période qui nous occupe que fut placée à Saint-Hippolyte une chaire monumentale, due au ciseau du sculpteur Simon Challe, frère du peintre de ce nom. Elle ressemblait fort à la chaire de l'église de Saint-Roch, et un écrivain du temps qui la trouve « d'une architecture sage » nous apprend qu'elle était décorée de trophées sur les panneaux, que le plafond de l'abat-voix était décoré d'une gloire, que l'artiste avait figuré sur le devant l'*Evangile triomphant* et qu'il avait sculpté sur les côtés la *Foi* et l'*Espérance*.

Que sont devenues aujourd'hui toutes ces richesses artistiques ? La tourmente révolutionnaire, hélas ! a saccagé le temple et anéanti tous ces trésors d'art. Nous touchons dans cette rapide monographie au seuil de cette lamentable période. Généreux et magnifiques de Jullienne, quelle tristesse eût été la vôtre, si vous aviez pu prévoir si prochaine la destruction de votre œuvre et si l'on vous eût prédit qu'avant quarante ans, il ne resterait plus que quelques travées en ruines de la chère église Saint-Hippolyte, si inlassablement embellie par vos soins.

Abbé J. Gaston.

L'ANCIENNE PAROISSE SAINT-HIPPOLYTE

X. Une fin glorieuse

Au début de l'année 1791, le clergé de la paroisse se composait du curé Guillaume Bruté, des vicaires Charles-François Magnelin et Allan et de deux prêtres habitués, Henri-Jean Milet et Pierre-Jacques Martin. L'attitude de ces ecclésiastiques fut admirable pendant la tourmente révolutionnaire.

Aucun d'eux d'abord ne consentit à prêter serment à la *Constitution civile du clergé*, constitution élaborée sans l'aveu du pape et condamnée par lui comme schismatique. Leur refus était d'autant plus courageux que les esprits étaient très montés dans le faubourg Saint-Marcel.

C'est le 9 Janvier que devait avoir lieu la prestation du serment dans les paroisses de Paris et elle devait être présidée à Saint-Hippolyte par l'officier Boncerf et les notables, Cézerac et Legros. Or, la veille de ce jour, une affiche de la municipalité fut placardée à profusion dans tout le quartier. Cette affiche annonçait la cérémonie du lendemain et avait pour en-tête le nom de l'église Saint-Hippolyte. « Trompé par ce placard et par les faux bruits répandus à dessein, le peuple s'y rendit en foule. M. le curé, ferme dans ses principes, refusa le serment et prononça un discours auquel on ne répondit qu'en criant : A la lanterne ! Tous ses coopérateurs suivirent son exemple et il n'y eut parmi eux aucun apostat. Cependant pour les intimider, on avait annoncé un pillage qui devait se faire pendant l'office du soir; mais il n'y eut point de salut et la garde nationale dissipa l'attroupement qui s'était déjà formé. »

Dès lors la situation du curé Bruté et de son clergé devenait impossible. En effet, dans la paroisse « les têtes s'étaient tellement échauffées que MM. les officiers de la garde nationale et les administrateurs de la police prévinrent les ecclésiastiques qu'on ne pouvait répondre de leurs personnes, s'ils persistaient dans leur refus, à cause de la disposition des esprits. Pour éviter des scandales et donner l'exemple de la soumission, les prêtres de Saint-Hippolyte résolurent de se retirer pour quelque temps » et dès le lendemain la Municipalité envoya un sieur Charles-Pierre Desesquelle, ancien diacre d'office de Sainte-Madeleine en la Cité, pour administrer provisoirement la paroisse.

On ne lit pas sans émotion la lettre que, de sa retraite voisine, Bruté adressait le 31 Janvier à ses paroissiens. Elle débute par ces lignes attristées : « *Mes très chers frères,... pourquoi ne m'est-il plus permis de vous faire entendre ma voix? Encore si dans mon absence j'avais la consolation de savoir que mes dignes coopérateurs continuent d'exercer avec sécurité au milieu de vous les fonctions du saint ministère, ce serait un soulagement à ma peine; mais obligés par les mêmes raisons que moi de fuir la persécution, suivant l'avis de Jésus-Christ même, il ne leur est plus libre de donner de nouveaux témoignages de leur zèle. Quel sujet d'affliction, mes très chers frères, pour un pasteur qui depuis vingt-deux ans s'est toujours intéressé à votre sanctification et à votre bonheur? Que va donc devenir cette portion chérie du troupeau que Jésus-Christ s'est acquis par son sang?* »

Bruté remercie ensuite les membres de la garde nationale des preuves qu'ils lui ont données de leur bonne volonté et de leur attachement. Il proteste qu'il est loin de soupçonner le grand nombre de ses paroissiens de s'être écartés, dans ces jours de trouble, du respect dû aux ministres de Jésus-Christ. Il rend grâce à Dieu au contraire de ce que presque tous condamnent les excès qui viennent de se commettre, et voici sur quelles paroles touchantes le généreux pasteur termine sa lettre : « *Puissent surtout les pauvres, qui ont toujours été les objets de ma tendre sollicitude, se réunir à ces chrétiens fidèles et former tous ensemble les vœux les plus ardents pour obtenir de Dieu qu'il daigne rétablir la paix, l'union, la concorde dans tous les cœurs!* »

L'occupation de Saint-Hippolyte par le clergé constitutionnel devait être de courte durée. Un décret de l'Assemblée Nationale du 4 février 1791 divisa Paris en 33 paroisses, au lieu de 52 que la capitale comptait précédemment. La paroisse Saint-Hippolyte était au nombre des paroisses supprimées : son territoire et celui de Saint-Martin du Cloître furent réunis pour former la circonscription d'une même paroisse, ayant pour titre celui de Saint-Marcel et pour église celle de l'ancienne collégiale du même nom

C'est le 3 Avril 1791 que les scellés furent apposés sur l'ancienne église Saint-Hippolyte désaffectée. Quinze mois durant, l'édifice resta ensuite inutilisé et désert. Le 11 Septembre 1792, il fut loué pour 510 livres à un officier de paix, nommé Louis Antoine Salmon ; puis, le 3 Août 1793, il fut vendu pour 37.200 livres à un architecte, du nom de Jean Etienne Bellenoux. Ce dernier le fit démolir entièrement dans les premiers mois de 1807, à l'exception d'un corps de bâtiment, formant deux étages aménagés de chambres au-dessus des chapelles du bas-côté droit. Ces précieux vestiges disparurent eux-mêmes en 1867, lors des travaux de percement du boulevard Arago, et la ruine de la vieille église fut ainsi pleinement consommée.

.

Qu'étaient devenus cependant, au cours de la tourmente révolutionnaire, les membres dispersés de l'ancien clergé de Saint-Hippolyte?

Il nous est doux de constater que leur courage ne se démentit pas un seul jour et qu'ils demeurèrent jusqu'au bout fidèles à eux-mêmes.

De la section de l'Observatoire où il s'était retiré, l'ancien curé Bruté n'avait cessé de veiller sur les vrais catholiques du faubourg Saint-Marcel. Dépouillé de ses ressources, obligé de se cacher par crainte des dénonciations, il n'en continua pas moins ce périlleux ministère pendant plusieurs années. Le 16 septembre 1793, le Comité de surveillance de la section lança contre lui un mandat d'arrêt immédiat. Mais Bruté réussit à déjouer les recherches, sans doute en s'éloignant pour un temps. Il dut d'ailleurs revenir bientôt dans le voisinage de Saint-Hippolyte, car le Père Le Lasseur, si instruit de tout ce qui concerne la biographie des curés de Paris et qui a pu consulter avant 1870 les registres de décès détruits dans les criminels incendies de la Commune, observe dans ses notes inédites qu'il mourut le 13 Mai 1796, à 71 ans, dans l'ancien XIIe arrondissement (notre XIIIe arrondissement actuel).

Nous ignorons complètement ce qu'il advint, après la fermeture de l'église, du second vicaire Allan. Quant au premier vicaire Magnelin, et aux prêtres habitués Milet et Martin, tous trois furent emprisonnés au séminaire Saint-Firmin. Magnelin réussit à se dissimuler dans un appentis pendant les massacres de Septembre 1792 et devint plus tard curé de Neuilly. Martin fut relâché peu de temps avant la tuerie et mourut en 1810, curé de Saulx-les-Chartreux au diocèse de Versailles. Quant à Henri-Jean Milet, son nom figure avec certitude dans la liste des victimes de cette triste période. Il n'y en a pas de plus grand dans toute l'histoire des six siècles de vie paroissiale que nous venons de résumer en cette courte série d'articles. C'est le nom d'un *martyr* et peut-être un jour sera-ce celui d'un *Saint*. Puissent nos prières et nos vœux être promptement exaucés en ce point. Quel autel serait assez beau dans la nouvelle église de l'avenue de Choisy, pour porter la statue d'un vicaire canonisé de l'ancienne paroisse Saint-Hippolyte !

Abbé J. Gaston.

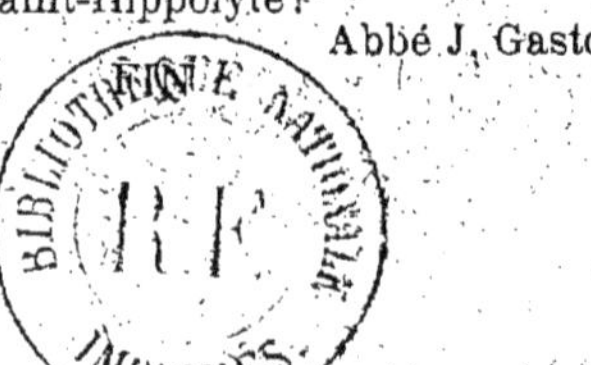